Dieses Übungsheft gehört

Name:

Ein Bild von mir!

Einleitung

Schach ist super!
Weil es mit viel Spaß schlau macht.

Dieses Übungsheft wurde für Kinder erstellt, die mit viel Spaß das Schachspiel erlernen möchten. Am besten geht das gemeinsam mit anderen Kindern oder auch Erwachsenen. Für einen guten Einstieg in das Schachspiel, werden dir in diesem ersten Heft das Schachbrett und die Gangarten der Schachfiguren erklärt. Dazu gibt es viele Übungen und Anregungen.
In einem Begleitheft für Erzieherinnen und Eltern werden diese Übungen noch genauer erklärt.

Das Begleitheft 1

Zu diesem Kinder-Übungsheft gibt es speziell für ErzieherInnen, LehrerInnen und (Groß-) Eltern das Begleitheft 1. In diesem Begleitheft finden Sie weitreichende pädagogische Hinweise zu den hier abgebildeten Übungen, viele praktische Tipps, sowie weitere Übungen. Grundlage für dieses neue pädagogische Hilfsmittel sind ein Praxisgroßversuch, sowie eine wissenschaftlichen Studie in der nachgewiesen wurde, dass Schach spielerisch richtig eingesetzt die individuellen Grundlagen von Kindern ab 3 Jahren fördert. Dies sind z.B. das Sozialverhalten, das Selbstbewusstsein, das logische Denken, die Kommunikation, die Willenskraft …

Mehr Informationen finden Sie auch auf **www.Schach-fuer-Kids.de**

Hinweise zur Nutzung

Stelle die Aufgaben aus diesem Heft auf deinem Schachbrett auf und suche nach der Lösung. Trage diese dann im Übungsheft ein. Die Stifte zeigen dir, wie du die Lösung einer Aufgabe am besten notieren kannst.

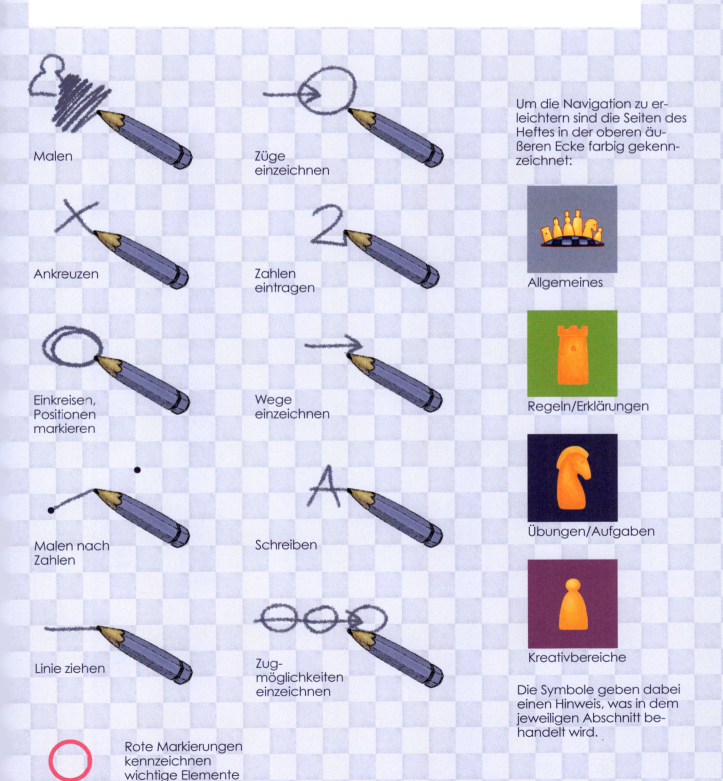

Grundbegriffe

Schach - Grundbegriffe

Figur/Symbol
Die Spielsteine beim Schachspiel werden Figuren bzw. Schachfiguren genannt und bestehen aus zwei Spielparteien die gegeneinander antreten. Diese bezeichnet man als „Weiß" und „Schwarz". Damit man die Figuren in den Abbildungen gut erkennen kann, hat jede Schachfigur ein eigenes Symbol.

	Schachfigur	Symbol	Schachfigur	Symbol
Die Könige				
Die Damen				
Die Türme				
Die Läufer				
Die Springer				
Die Bauern				

Grundbegriffe

Schach - Grundbegriffe

Schachbrett/Diagramm

Schach spielt man auf einem Schachbrett, das 64 Felder hat – 32 weiße und 32 schwarze. Viele der Aufgaben in diesem Heft werden durch Diagramme dargestellt. Ein Diagramm besteht aus einem Schachbrett und den Symbolen, die die Stellung der Figuren zeigen. Die Pfeile neben dem Diagramm zeigt dir, wer gerade am Zug ist – Weiß oder Schwarz.

Diagramm (Beispiel)

Schwarz ist am Zug

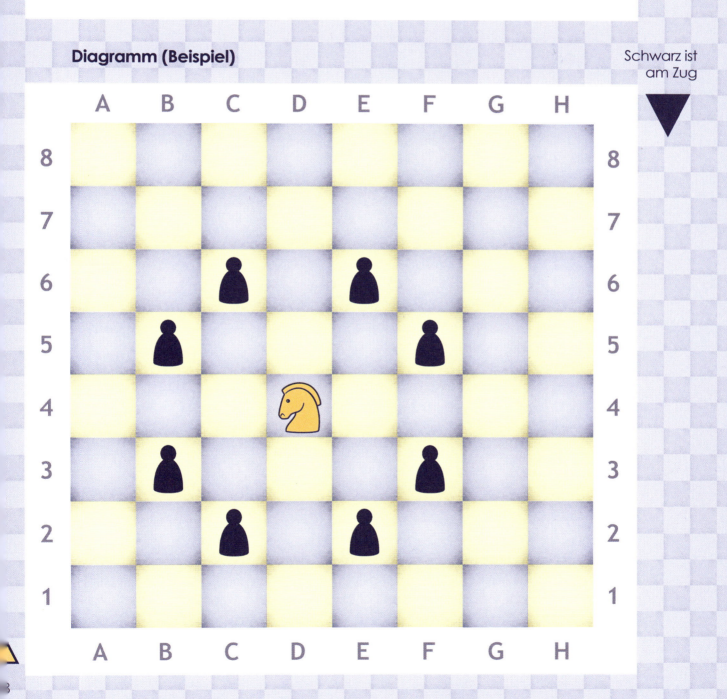

SCHACH FÜR KIDS - Übungsheft 1

Schach - Grundbegriffe

Koordinaten
Ein Schachbrett hat vier Seiten. An jeder Seite hat es sogenannte Koordinaten. Diese bestehen aus den Zahlen 1-8 und den Buchstaben A-H. Mit Hilfe dieser Koordinaten kann man ein Feld genau bestimmen. So kann dir jemand sagen, dass du den Turm auf B3 stellen sollst. Wenn du weißt wie die Koordinaten funktionieren, wirst du sofort das richtige Feld unter den 64 Feldern finden.

Linie
Mehrere übereinanderliegende Felder auf dem Schachbrett ergeben eine Linie. Das Schachbrett hat acht Linien.

Reihe
Mehrere nebeneinanderliegende Felder auf dem Schachbrett ergeben eine Reihe. Das Schachbrett hat acht Reihen.

Diagonale
So heißt eine weiße oder schwarze Schräge. Wenn du mit einer Figur, die auf einem weißen Feld steht schräg gehst, dann muss die Figur auch auf einem weißen Feld ankommen.

Ziehen
Bei Minispielen oder bei einer Schachpartie dürfen die Spieler abwechselnd ziehen. Zuerst zieht der Spieler mit den weißen Figuren und dann der Spieler mit den schwarzen Figuren.

Zug
Das Ziehen einer Figur auf ein anderes Feld nennt man Zug.

Angreifen
Wenn dein Gegner im nächsten Zug auf ein Feld gehen kann, auf dem eine deiner Figuren steht, dann ist deine Figur angegriffen.

Schlagen
Wenn dein Gegner eine deiner Figuren angegriffen hat und du hast dich nicht dagegen gewehrt, in dem du z. B. mit deiner Figur auf ein Feld gegangen bist, auf das dein Gegner mit seiner Figur nicht ziehen kann, dann kann er, wenn er am Zug ist, dir deine Figur schlagen. Er nimmt dann deine Figur vom Schachbrett und stellt seine Figur auf das Feld auf dem vorher deine Figur stand. Deine geschlagene Figur spielt dann nicht mehr mit.

Schach
„Schach" sagst du, wenn du den König von deinem Gegner angreifst. Wenn du also mit einer deiner Figuren auf das Feld des gegnerischen Königs ziehen könntest, dann steht der König im „Schach". Wenn das passiert kannst du Schach sagen. Weil der König der Chef auf dem Schachbrett ist, darf er als einzige Figur nicht geschlagen werden. Wenn du eine andere Figur angreifst, ist das kein Schach!

Das Schachbrett
Die Grundstellung

Das Schachbrett und die Grundstellung der Figuren

Wenn du das Schachbrett vor dich hinlegst, muss rechts unten ein weißes Feld sein!

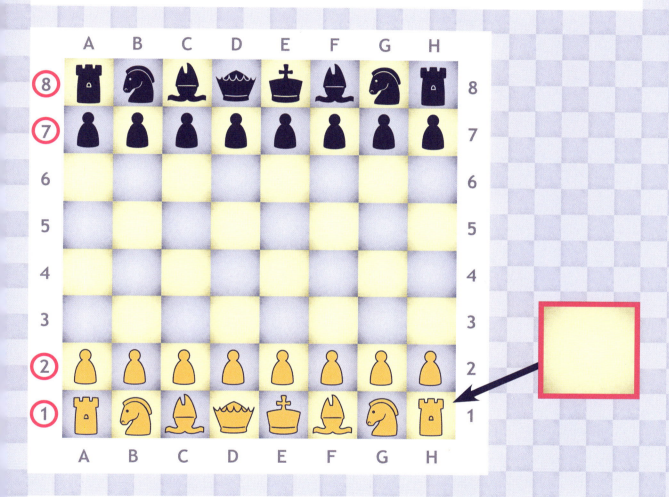

Grundstellung

Jede Figur hat ihr eigenes Startfeld. Wenn alle Figuren zum Einsatz kommen, stehen sie wie oben gezeigt. Das nennt man dann die Grundstellung.
Die weißen Figuren stehen auf den Reihen 1 und 2, die schwarzen Figuren auf den Reihen 7 und 8.

SCHACH FÜR KIDS - Übungsheft 1

Die Grundstellung

Die Grundstellung der weißen Figuren aus der Sicht des Spielers

Die Bauern stehen in der vorderen Reihe (der zweiten Reihe vom Spielfeldrand aus).

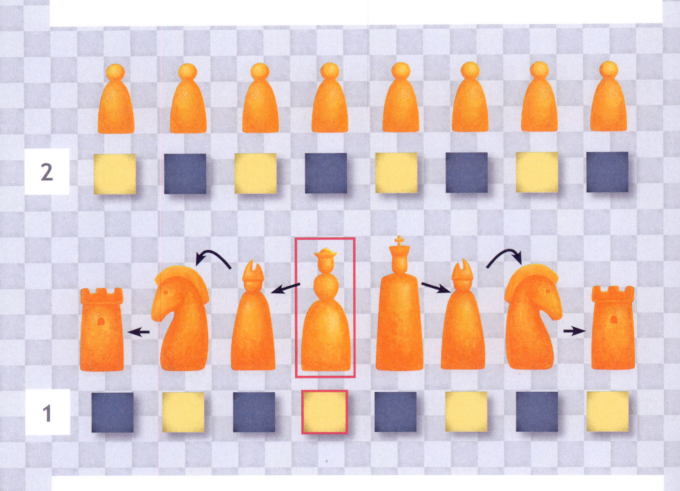

Alle anderen Figuren stehen in der hinteren Reihe, direkt am Spielfeldrand. Hier zwei Eselsbrücken für die Aufstellung der Figuren:

- Weiße Dame weißes Feld, schwarze Dame schwarzes Feld.
- Das Königspaar gibt dem Läufer einen Auftrag, der Läufer steigt auf sein Pferd und reitet zum Turm.

Baue die Figuren, wie gezeigt, auf deinem Schachbrett auf!

Die Grundstellung der schwarzen Figuren aus der Sicht des Spielers

Die Bauern stehen in der vorderen Reihe (der zweiten Reihe vom Spielfeldrand aus).

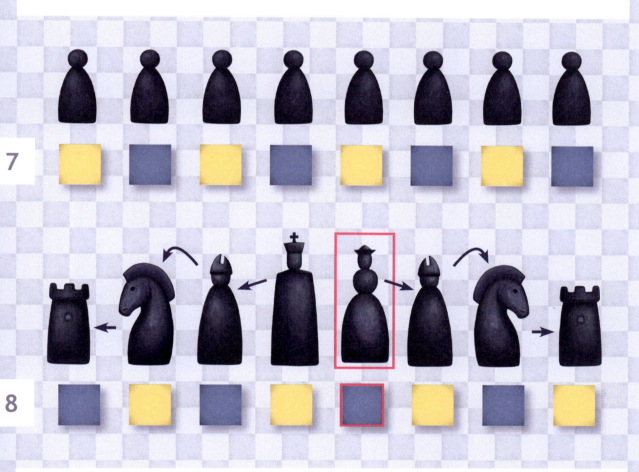

Alle anderen Figuren stehen in der hinteren Reihe, direkt am Spielfeldrand. Hier zwei Eselsbrücken für die Aufstellung der Figuren:

- Weiße Dame weißes Feld, schwarze Dame schwarzes Feld.
- Das Königspaar gibt dem Läufer einen Auftrag, der Läufer steigt auf sein Pferd und reitet zum Turm.

Baue die Figuren, wie gezeigt, auf deinem Schachbrett auf!

Das Schachbrett

Male die Felder so aus, dass es ein Schachbrett ergibt.
Achte darauf, das es „richtig liegt"!

Das Schachbrett

Das Schachbrett hinlegen

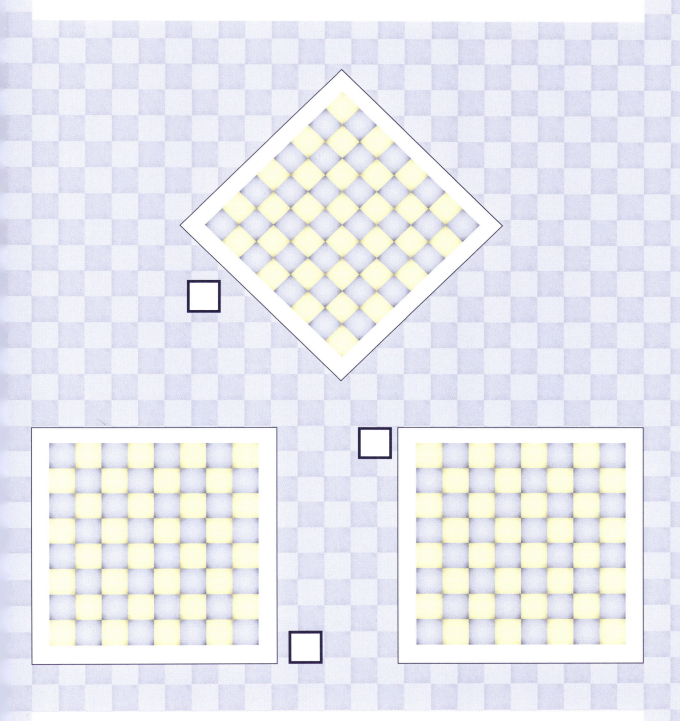

Welches Schachbrett liegt richtig? Kreuze es an!
Woran hast du das erkannt?

SCHACH FÜR KIDS - Übungsheft 1

Das Schachbrett

Das Schachbrett
Reihen, Linien und Diagonalen

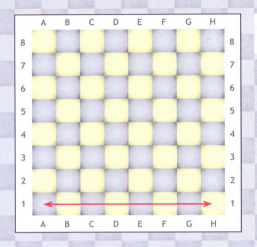

Male weitere 3 Pfeile ein, auf der 4., 6. und 8. Reihe!

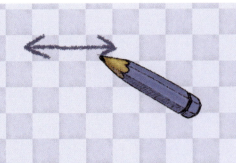

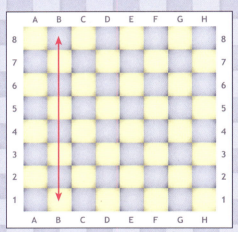

Male weitere 3 Pfeile ein, auf der D-, der F- und der H-Linie!

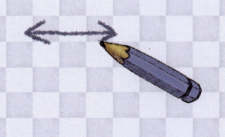

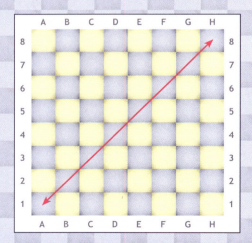

Male einen weiteren Pfeil auf die andere längste Diagonale (Schräge)!

Das Schachbrett bezeichnen

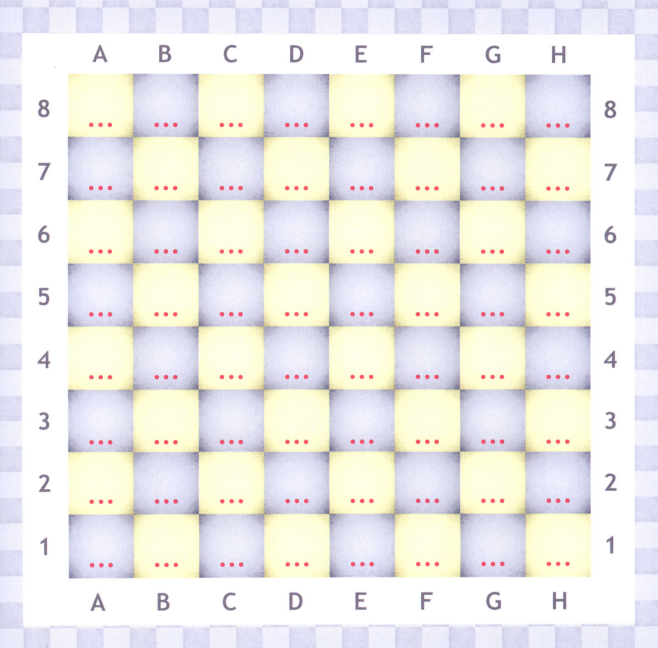

Jedes Feld auf dem Brett hat einen eigenen Namen. Schreibe alle Namen auf die Felder – zuerst den Buchstaben, dann die Zahl – z.B. A1, B1, C1 usw.

Das Schachbrett

Das Schachbrett bezeichnen

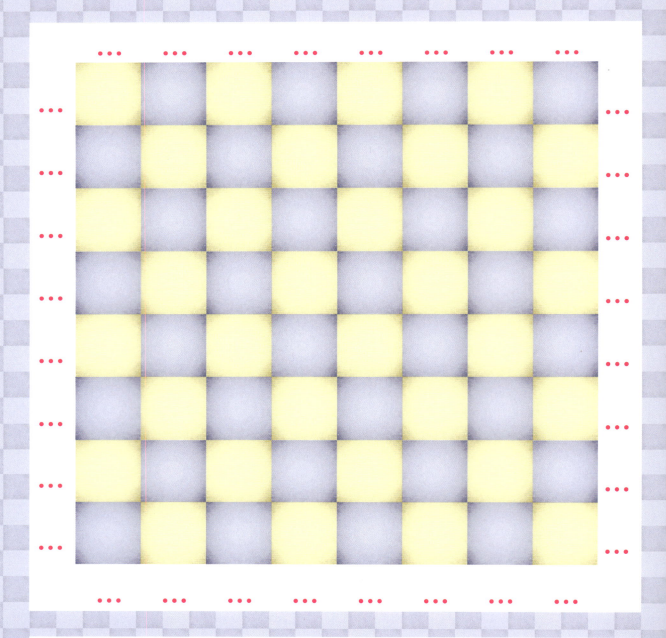

Setze zuerst die Buchstaben A bis H am oberen und unteren Spielfeldrand ein!
Setze dann die Zahlen 1 bis 8 am linken und rechten Spielfeldrand ein!

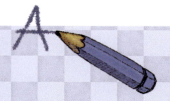

Die Legende vom Weizenkorn

Vor vielen, vielen Jahren lebte in Indien ein Herrscher, der seine Untertanen unterdrückte und nicht beliebt war. Er hieß König Sheram. Sein weiser Brahmane Sissa Ibn Dahir wollte das gern ändern und erfand deshalb ein Spiel, in dem zum Ausdruck kam, dass selbst der mächtigste König als wichtigste Figur auf dem Brett nichts ausrichten kann, wenn ihm seine anderen Figuren und Bauern nicht helfen. Er nannte das Spiel „Schach", nach dem Wort „Schah", was auf deutsch König heißt. Das neue Spiel gefiel dem König Sheram. Als dieser durch das Spielen immer mehr erkannte, wie wertvoll seine anderen Steine für ihn sein können, wurde er auch zunehmend freundlicher zu seinen eigenen Untertanen im Königreich.

Der Brahmane Sissa sollte für seine Dienste belohnt werden und durfte eine Bitte äußern. In seiner schlauen Antwort lag eine weitere Belehrung für seinen Herrn, der zunächst darüber lachte und gleichzeitig sehr ungehalten über die vermeintlich geringfügige Bitte war. Der Brahmane wollte nämlich als Lohn nur Weizenkörner, die auf ein Schachbrett „passen": also 1 Korn auf das erste Feld, 2 Körner auf das zweite Feld, 4 Körner auf das dritte Feld, 8 Körner auf das vierte Feld, 16 Körner auf das fünfte Feld usw. Die Körner wurden also von Feld zu Feld verdoppelt. Bald musste der oberste Verwalter des Königs erkennen, dass nach dem 64. Feld eine riesengroße Summe zustande kam, nämlich 18 Trillionen, 446 Billarden, 744 Billionen, 73 Milliarden, 709 Millionen, 551 Tausend und 615 Körner. Die ganze Weizenernte auf der Erde würde nicht ausreichen, um so viele Körner zu bekommen. Insgesamt wären 300 Millionen Güterwagen erforderlich, um die Weizenkörner dem Erfinder zu bringen. Diese Güterwagen wären so lang, dass sie 231.666 mal um die Erde reichen würden.

Der mächtige König fühlte sich blamiert. So half ihm sein schlauer Hof-Rechenmeister aus der Verlegenheit. Er empfahl ihm, den weisen Brahmanen aufzufordern, dass er das geschenkte Getreide doch Korn für Korn selbst zählen sollte!

Diese einprägsame Geschichte erinnert an ein anschauliches altes indisches Sprichwort, in dem es heißt:

„Das Schachspiel ist ein See, in dem eine Mücke baden und ein Elefant ertrinken kann!"

Der Turm

Der Turm

Das ist der Turm und sein Symbol.
Der Turm zieht in gerader Richtung beliebig weit.

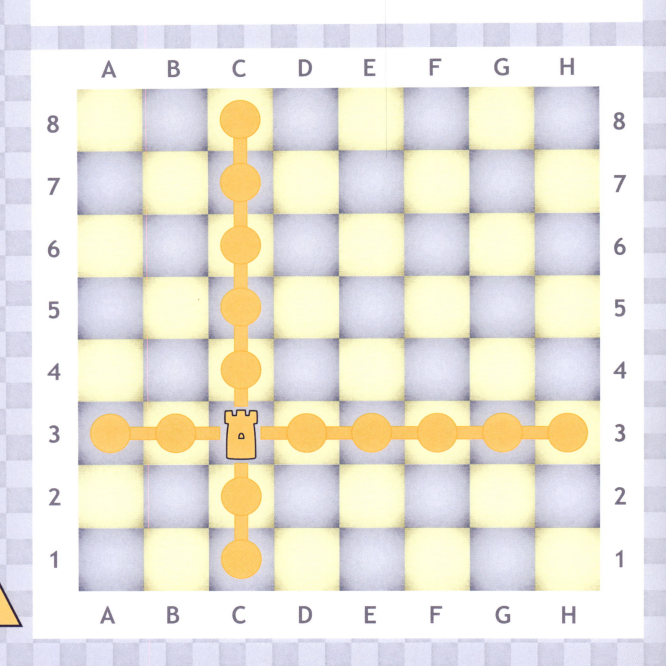

Der Turm

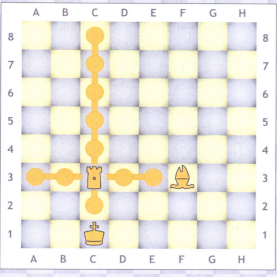

Der Turm kann keine Figuren überspringen. Eigene Figuren können nicht geschlagen werden.

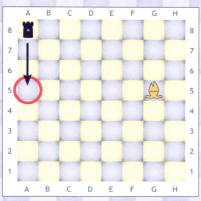 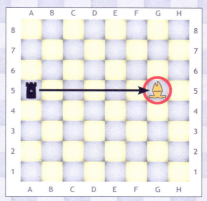 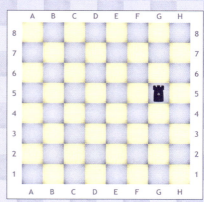

Der Turm greift z. B. so an …   und so schlägt er.

Male hier die Figur und das Symbol des Turmes nach!

SCHACH FÜR KIDS - Übungsheft 1

Der Turm

Wo sind die Türme?

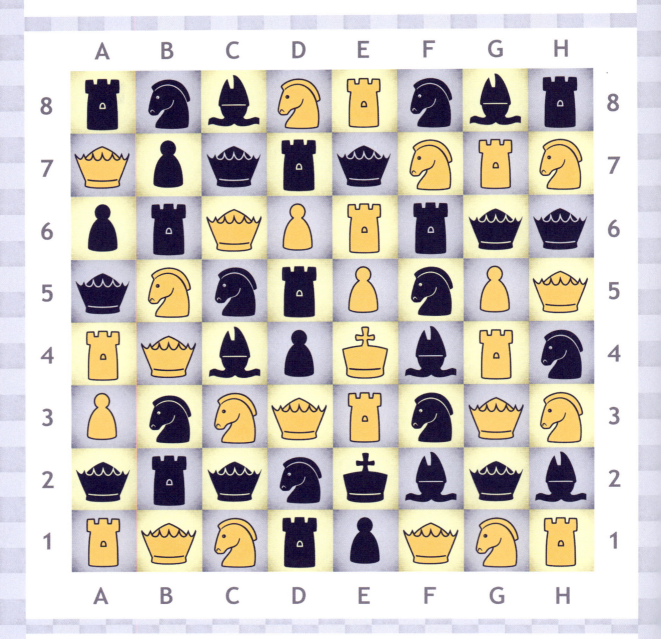

Kreise die Felder ein, auf denen sich die Türme versteckt halten!
Wie viele weiße und schwarze Türme hast du gefunden?

Turmzüge!

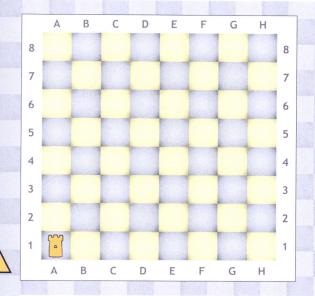
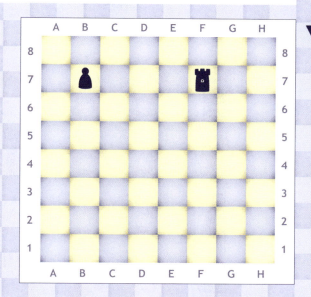

Wohin können der weiße und der schwarze Turm gehen? Markiere die Felder, zeichne die Wege ein!

Finde die Turmzüge!

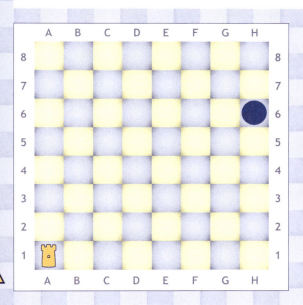
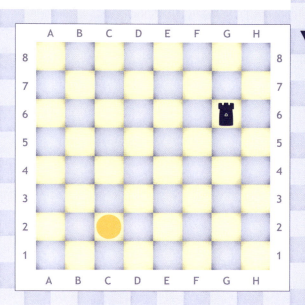

Suche mit dem Turm den schnellsten Weg bis zum Chip! Zeichne den Weg ein!

SCHACH FÜR KIDS - Übungsheft 1

Der Turm

Mit dem Turm angreifen!

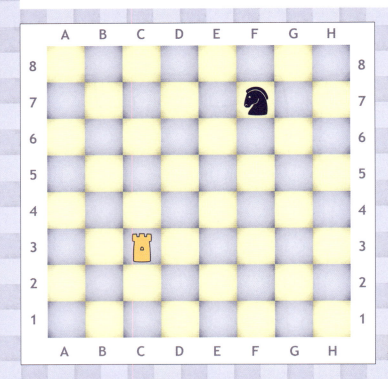

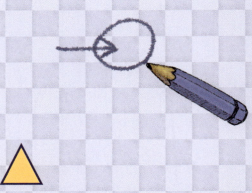

Greife mit dem weißen Turm den schwarzen Springer an! Auf welchen Feldern ist das möglich? Kreise sie ein und zeichne auch die Wege auf, die der Turm gehen muss.

Mit dem Turm schlagen!

Welche Figuren können vom weißen Turm geschlagen werden? Kreise sie ein und zeichne auch die Wege auf, die der Turm gehen muss.

Der Turm

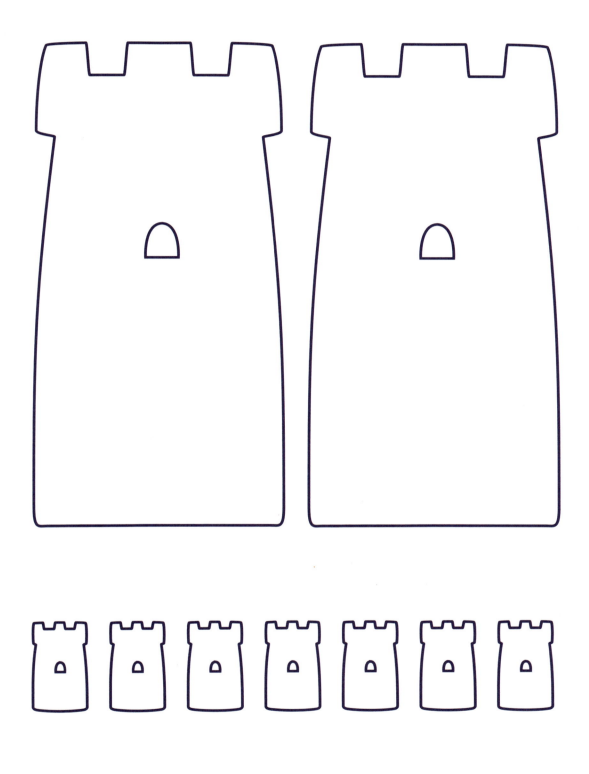

Der Läufer

Der Läufer

Das ist der Läufer und sein Symbol.
Der Läufer zieht diagonal (schräg) beliebig weit.

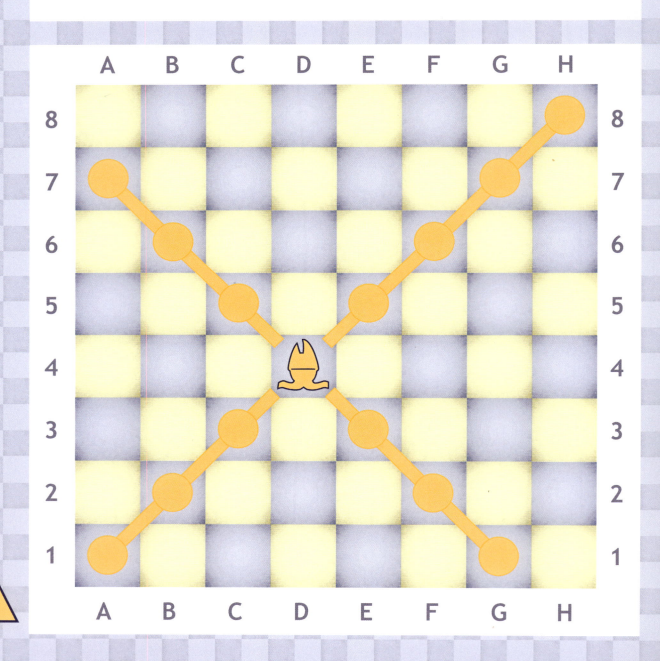

Der Läufer

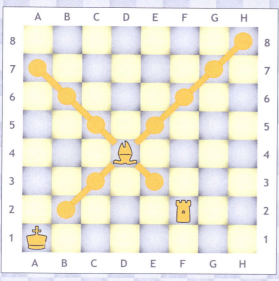

Der Läufer kann keine Figuren überspringen. Eigene Figuren können nicht geschlagen werden.

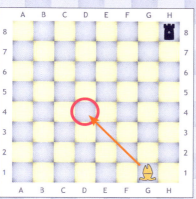 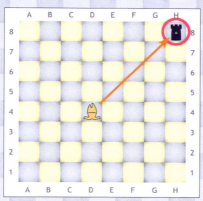 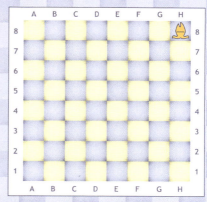

Der Läufer greift z. B. so an …   und so schlägt er.

Male hier die Figur und das Symbol des Läufers nach!

SCHACH FÜR KIDS - Übungsheft 1

Der Läufer

Wo sind die Läufer?

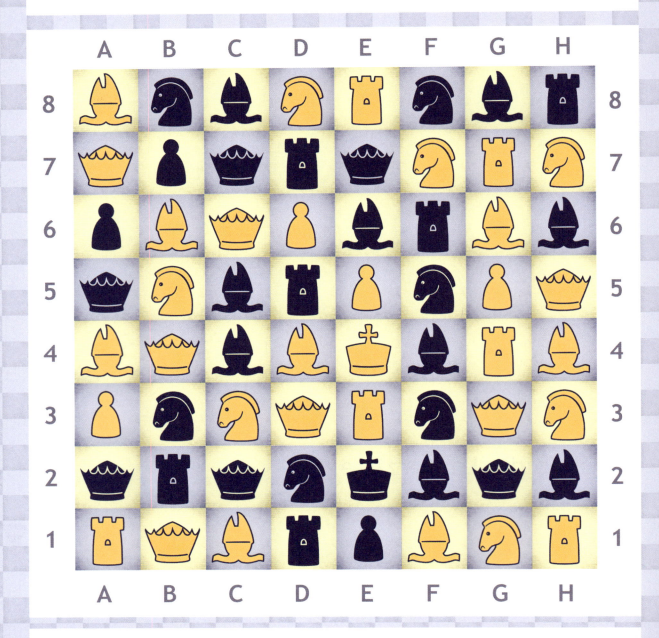

Kreise die Felder ein, auf denen sich die Läufer versteckt halten!
Wie viele weiße und schwarze Läufer hast du gefunden?

Läuferzüge!

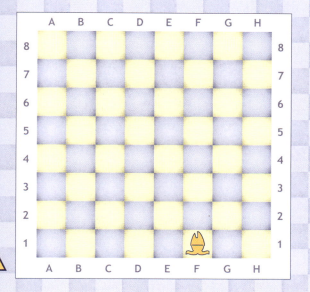
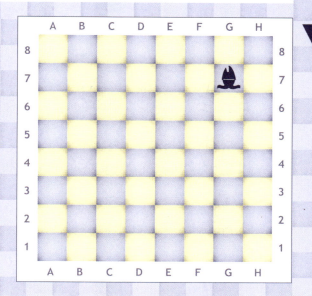

Wohin können der weiße und der schwarze Läufer gehen? Markiere die Felder, zeichne die Wege ein!

Finde die Läuferzüge!

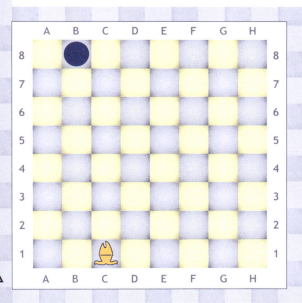
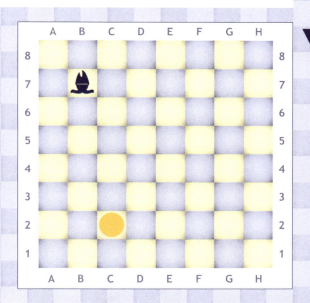

Suche mit dem Läufer den schnellsten Weg bis zum Chip! Zeichne den Weg ein!

Der Läufer

Mit dem Läufer angreifen!

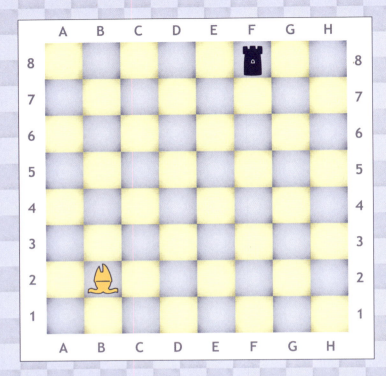

Greife mit dem weißen Läufer den schwarzen Turm an! Auf welchen Feldern ist das möglich? Kreise sie ein und zeichne auch die Wege auf, die der Läufer gehen muss.

Mit dem Läufer schlagen!

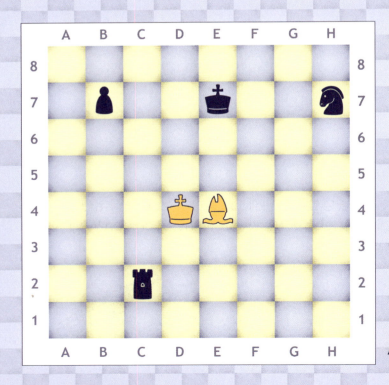

Welche Figuren kann der weiße Läufer schlagen? Kreise sie ein und zeichne auch die Wege auf, die der Läufer gehen muss.

Der Läufer

Doppelangriff mit Läufer!

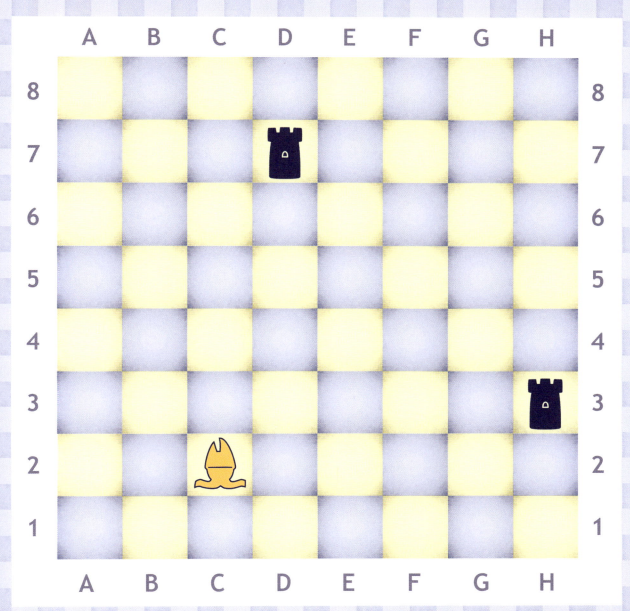

Setze den weißen Läufer so, dass beide Türme gleichzeitig angegriffen werden! Auf welchem Feld ist das möglich? Kreise es ein und zeichne auch den Weg auf, den der Läufer gehen muss.

SCHACH FÜR KIDS - Übungsheft 1

Die Dame

Die Dame

Das ist die Dame und ihr Symbol.
Die Dame zieht gerade und diagonal (schräg) beliebig weit.
Stell dir vor, dass die Dame genauso zieht, wie Läufer und Turm zusammen.

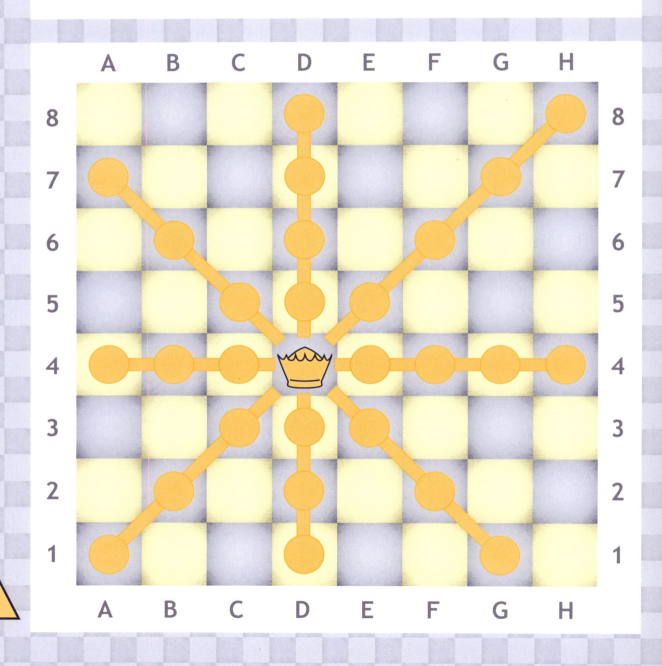

Die Dame

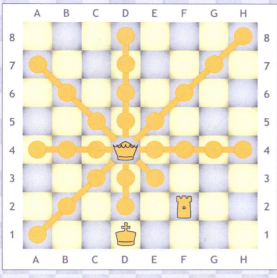

Die Dame kann keine Figuren überspringen. Eigene Figuren können nicht geschlagen werden.

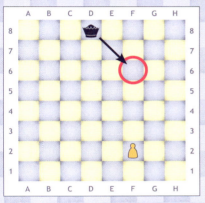 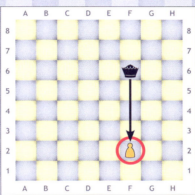 

Die Dame greift z. B. so an … und so schlägt sie

Male hier die Figur und das Symbol der Dame nach!

SCHACH FÜR KIDS - Übungsheft 1

Die Dame

Wo sind die Damen?

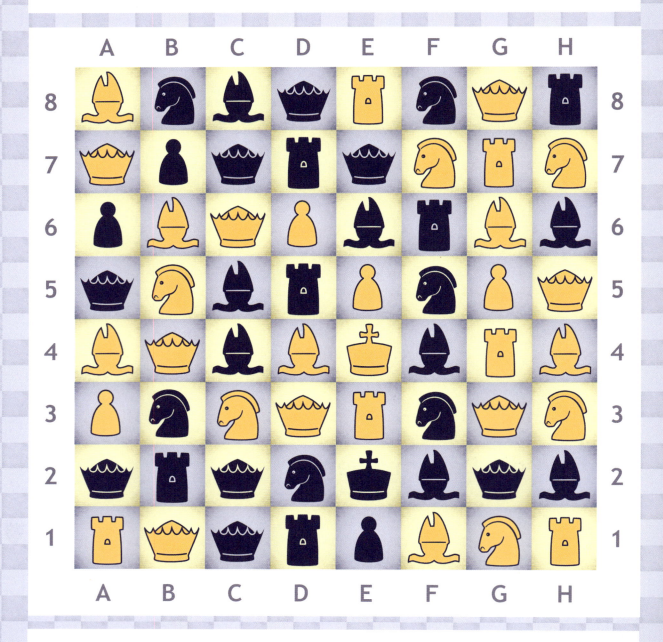

Kreise die Felder ein, auf denen sich die Damen versteckt halten!
Wie viele weiße und schwarze Damen hast du gefunden?

Damenzüge!

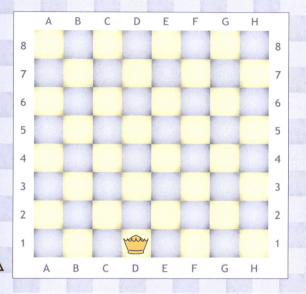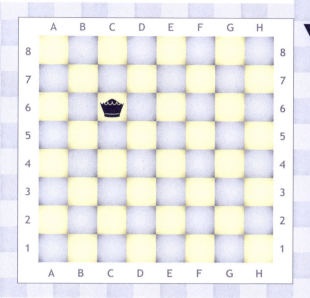

Wohin können die weiße und die schwarze Dame ziehen? Markiere die Felder, zeichne die Wege ein!

Finde die Damenzüge!

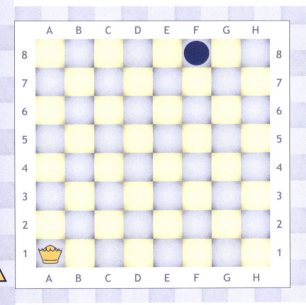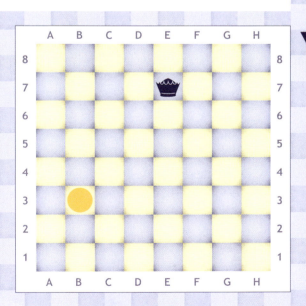

Suche mit der Dame den schnellsten Weg bis zum !
Zeichne den Weg ein!

SCHACH FÜR KIDS - Übungsheft 1

Die Dame

Mit der Dame angreifen!

Greife mit der weißen Dame den schwarzen Läufer an! Auf welchen Feldern ist das möglich? Kreise sie ein und zeichne auch die Wege auf, die die Dame gehen muss.

Mit der Dame schlagen!

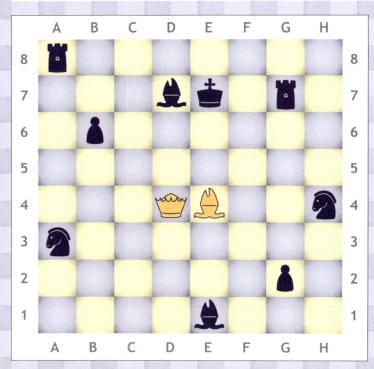

Welche Figuren kann die weiße Dame schlagen? Kreise die Figuren ein, die von der Dame geschlagen werden können und zeichne auch die Wege auf, die die Dame gehen muss.

Die Dame

Der König

Der König

Das ist der König und sein Symbol.
Der König zieht gerade und diagonal (schräg),
aber immer nur ein Feld weit.

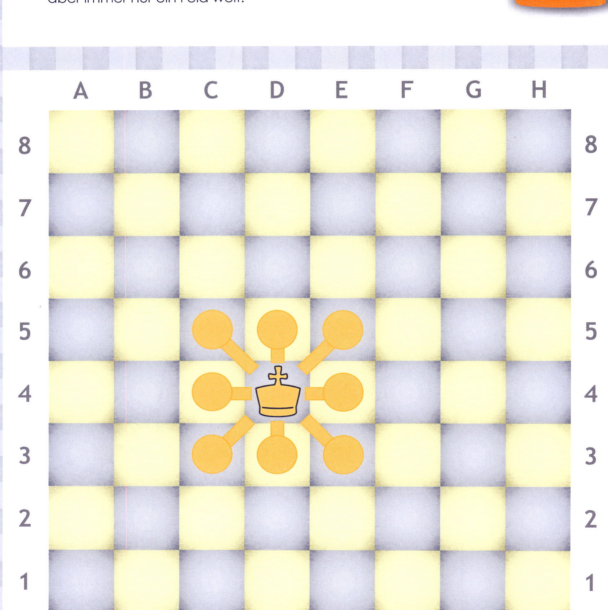

Der König

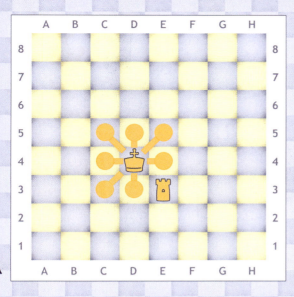

Der König kann keine Figuren überspringen. Eigene Figuren können nicht geschlagen werden.

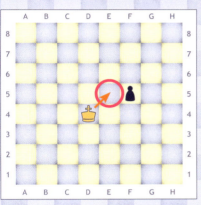
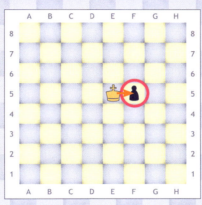

Der König greift z. B. so an … und so schlägt er.

Male hier die Figur und das Symbol des Königs nach!

SCHACH FÜR KIDS - Übungsheft 1

Der König

Schach!

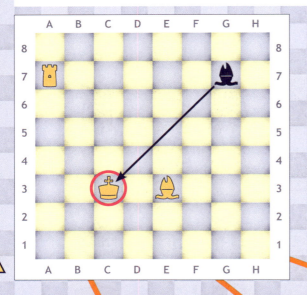

Wenn der König von einer gegnerischen Figur angegriffen wird, so nennt man das Schach.
Wenn dein König im Schach steht, musst du etwas dagegen unternehmen.
a) Du kannst den König wegziehen,
b) eine Figur dazwischen ziehen
c) oder die Figur schlagen, die deinen König angreift.

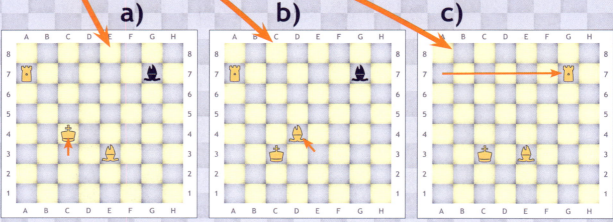

Der König darf nicht so ziehen, dass er am Ende seines Zugs im Schach steht. Er darf z. B. keine gedeckten Figuren schlagen.

Könige geben sich nicht die Hand!

Ein König kann nicht so ziehen, dass er mit dem gegnerischen König Feld an Feld steht. Es muss immer ein Feld zwischen den Königen sein.

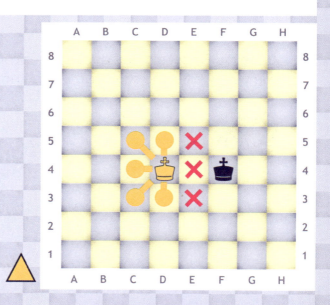

Wo sind die Könige?

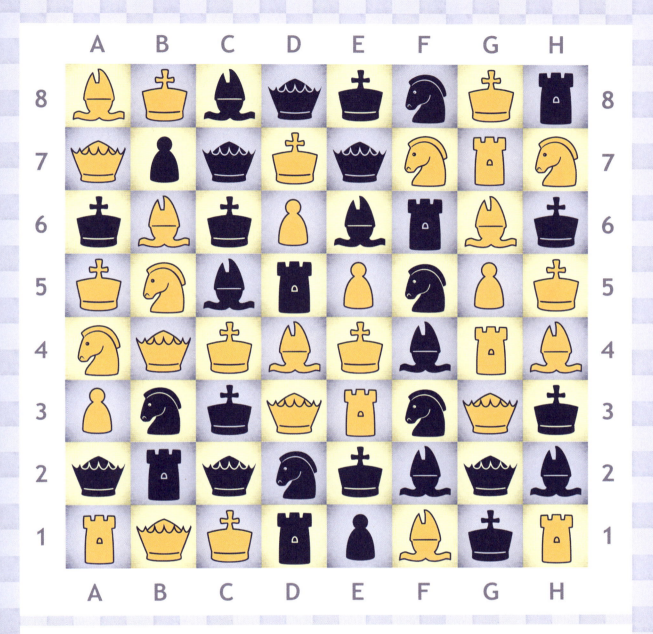

Kreise die Felder ein, auf denen sich die Könige versteckt halten!
Wie viele weiße und schwarze Könige hast du gefunden?

Der König

Der König

Königszüge!

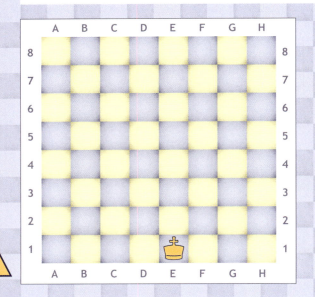 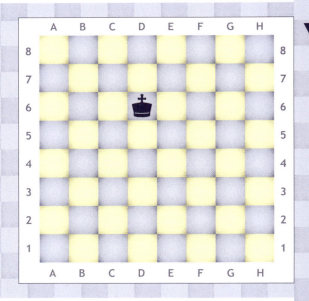

Wohin können der weiße und der schwarze König ziehen? Markiere die Felder, zeichne die Wege ein!

Finde die Königszüge!

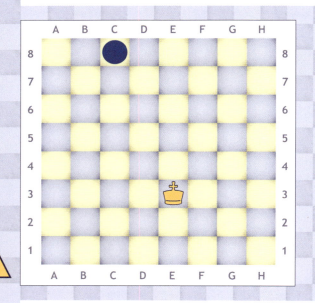 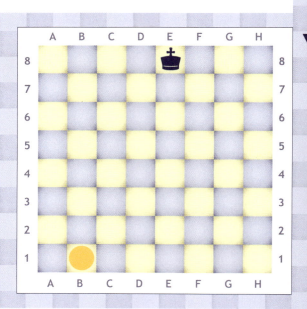

Suche mit dem König den schnellsten Weg bis zum Chip! Zeichne seinen Weg ein!

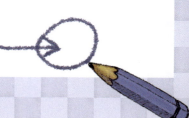

Mit dem König angreifen!

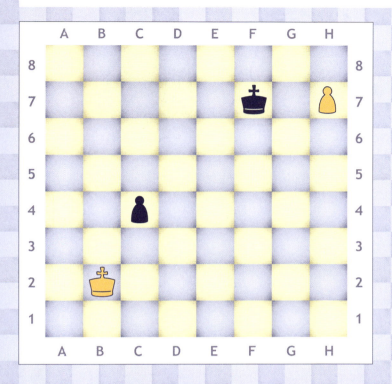

Greife mit dem weißen und schwarzen König die gegnerischen Bauern an! Achte darauf, dass der König nicht im Schach steht.
Auf welchen Feldern ist das möglich? Kreise sie ein und zeichne auch die Wege auf, die die Könige gehen müssen.

Mit dem König schlagen!

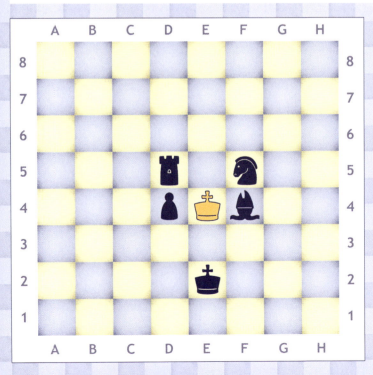

Welche Figuren kann der weiße König schlagen? Kreise die Figuren ein, die vom König geschlagen werden können!

SCHACH FÜR KIDS - Übungsheft 1

Der Springer

Der Springer

Das ist der Springer und sein Symbol.
Der Springer zieht L-förmig. Das kannst du dir mit dem unten abgebildeten Handzeichen merken. Das Bild, das entsteht, wenn man wie unten seine Bewegungsmöglichkeiten darstellt, nennt man das große Springerrad.

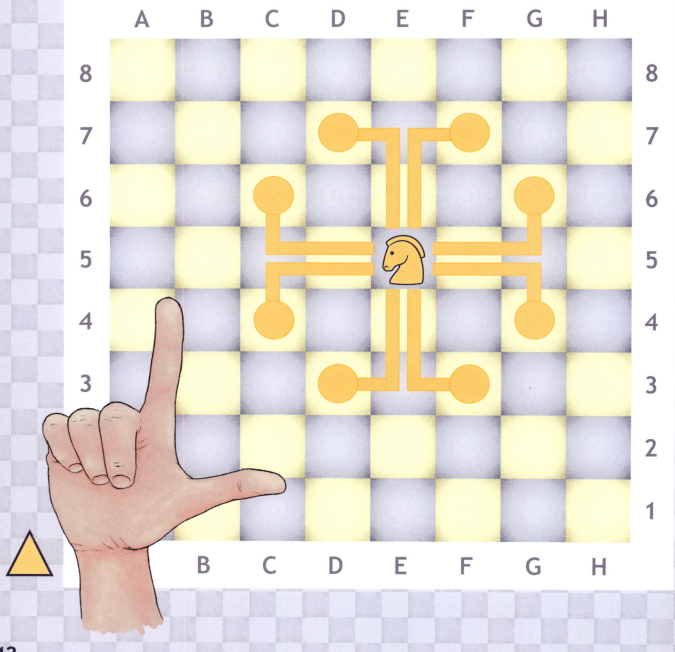

Der Springer

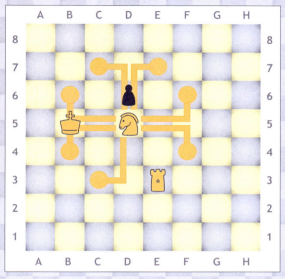

Der Springer kann andere Figuren überspringen. Eigene Figuren können nicht geschlagen werden.

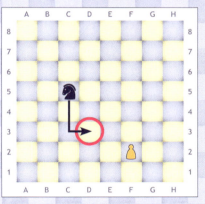 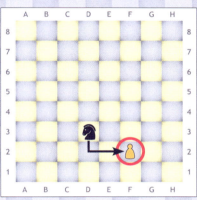 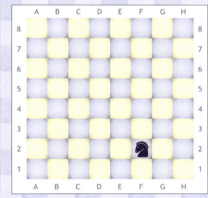

Der Springer greift z. B. so an …   und so schlägt er.

Male hier die Figur und das Symbol des Springers nach!

SCHACH FÜR KIDS - Übungsheft 1

Der Springer

Wo sind die Springer?

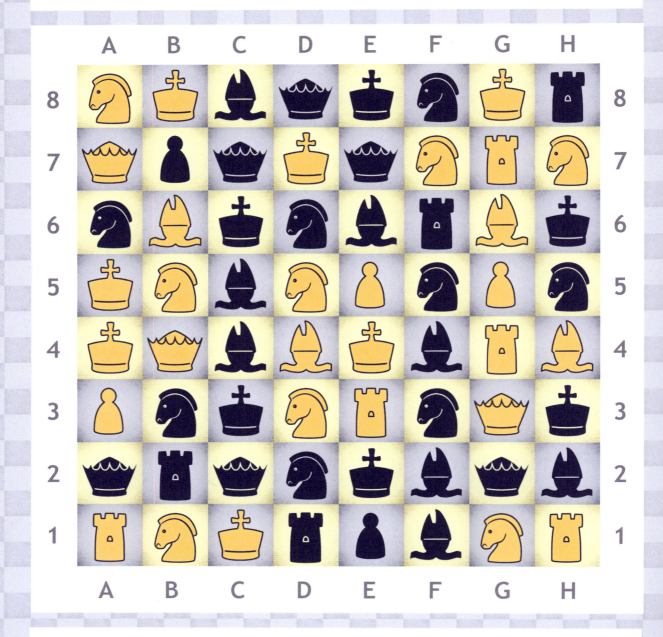

Kreise die Felder ein, auf denen sich die Springer versteckt halten!
Wie viele weiße und schwarze Springer hast du gefunden?

Der Springer

Springerzüge!

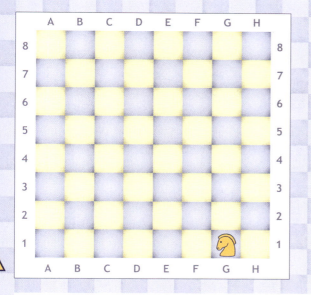
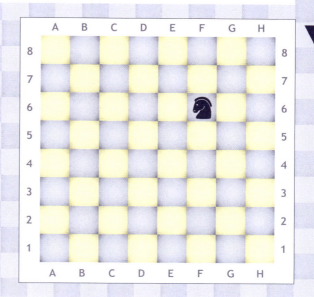

Wohin können der weiße und der schwarze Springer springen? Markiere die Felder, zeichne die Wege ein!

Finde die Springerzüge!

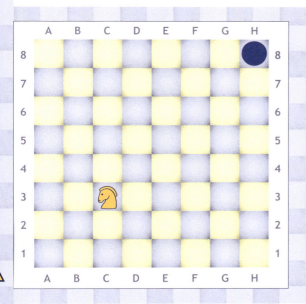
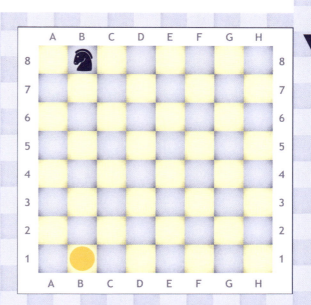

Suche mit dem Springer den schnellsten Weg bis zum Chip! Zeichne die Züge ein!

SCHACH FÜR KIDS - Übungsheft 1

Der Springer

Doppelangriff mit dem Springer!

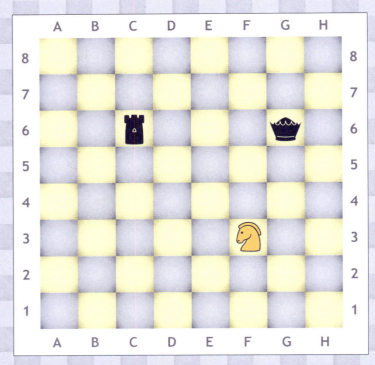

Setze den weißen Springer so, dass alle schwarzen Figuren gleichzeitig angegriffen werden! Auf welchem Feld ist das möglich? Kreise das Feld ein. Wie heißen die beiden schwarzen Figuren?

....

....

Mit dem Springer angreifen!

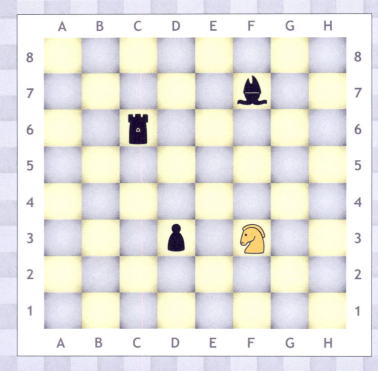

Setze den weißen Springer so, dass alle schwarzen Figuren gleichzeitig angegriffen werden! Auf welchem Feld ist das möglich? Kreise das Feld ein. Wie heißen die drei schwarzen Figuren?

....

....

....

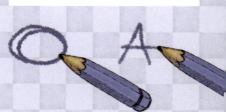

Der Springer

Im Galopp!

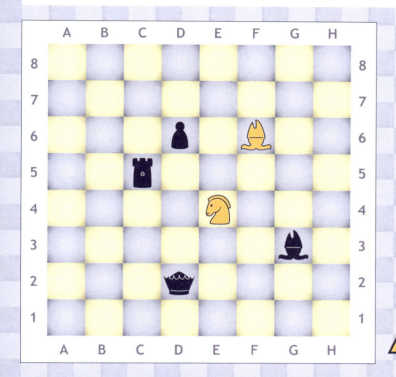

Welche Figuren kann der weiße Springer von E4 aus schlagen? Kreise die Figuren ein, die geschlagen werden können!

Springer richtig einsetzen!

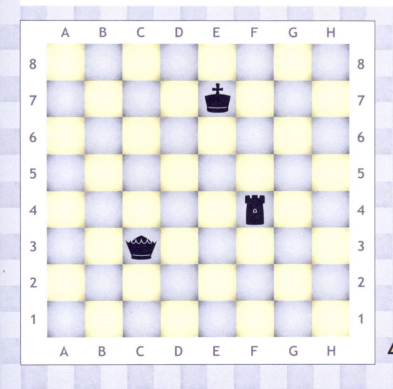

Wenn du einen weißen Springer auf das Brett setzen solltest, wo würdest du ihn am liebsten hinstellen, damit er gegnerische Figuren schlagen kann?
Kreise das entsprechende Feld ein!

SCHACH FÜR KIDS - Übungsheft 1

Der Springer

Der Springer am Zug

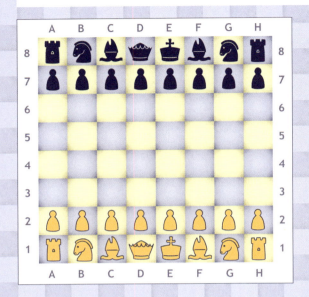

Wie viele Springerzüge gibt es für Weiß und für Schwarz?

 ... ...

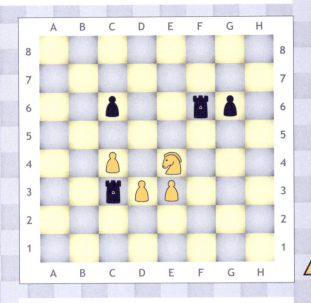

Wie viele schwarze Figuren kannst du mit dem Springer schlagen? Schreibe die Anzahl auf! ...

Wie viele Springerzüge findest du? Schreibe die Anzahl auf und zeichne die Züge ein.

...

Wie viele Springerzüge brauchst du, um alle schwarzen Figuren zu schlagen?

...

Der Springer

49

Der Bauer

Der Bauer

Das ist der Bauer und sein Symbol.
Der Bauer darf immer ein Feld vorwärts rücken, niemals zurück.
Nur aus seiner Grundstellung darf er zwei Felder vorrücken.

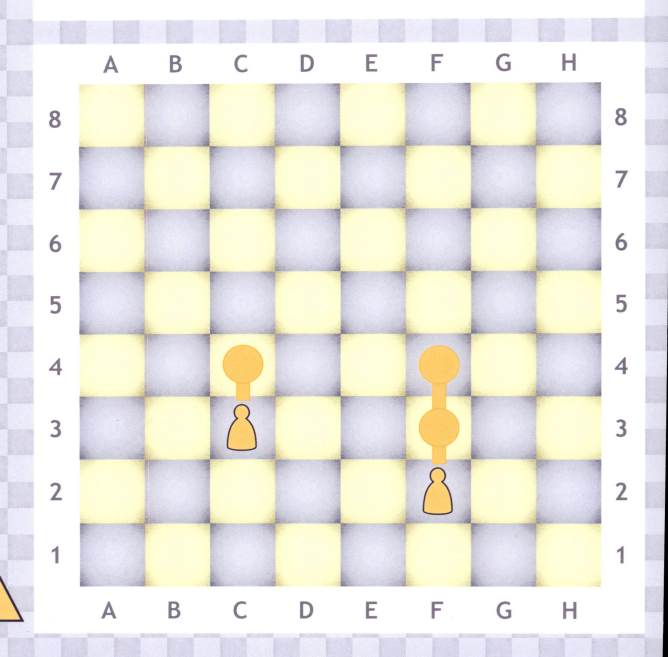

Der Bauer

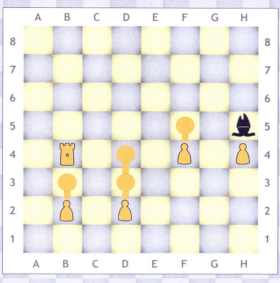

Der Bauer kann keine Figuren überspringen. Er schlägt diagonal (schräg) nach vorn. Eigene Figuren können nicht geschlagen werden.

 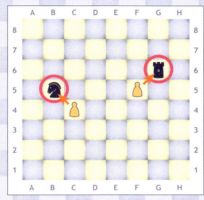 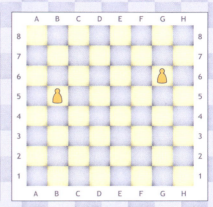

Der Bauer greift z. B. so an …   und so schlägt er.

Male hier die Figur und das Symbol des Bauern nach!

SCHACH FÜR KIDS - Übungsheft 1

Der Bauer

Die verzauberten Bauern

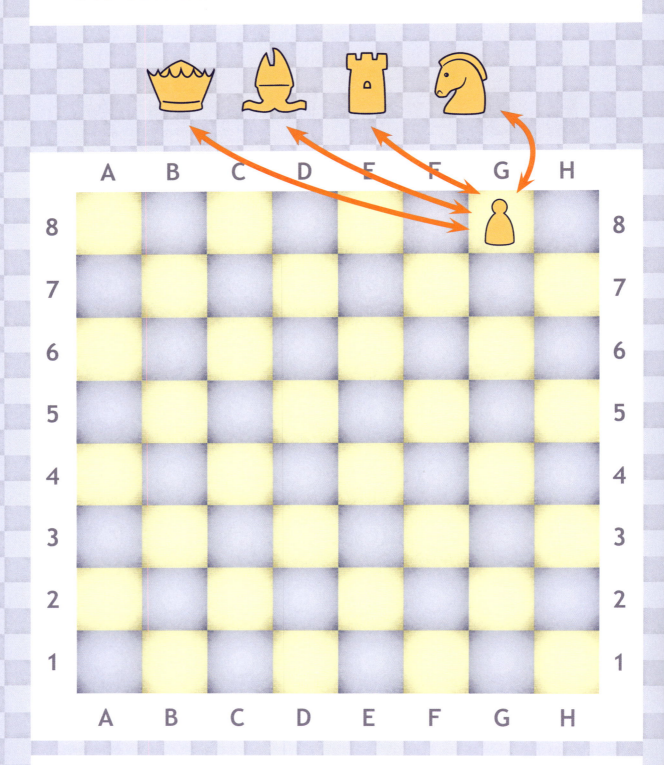

Wenn ein Bauer den gegnerischen Spielfeldrand erreicht, kann er sich in eine beliebige Figur verwandeln, nur nicht in einen König.

Der Bauer

Wo sind die Bauern?

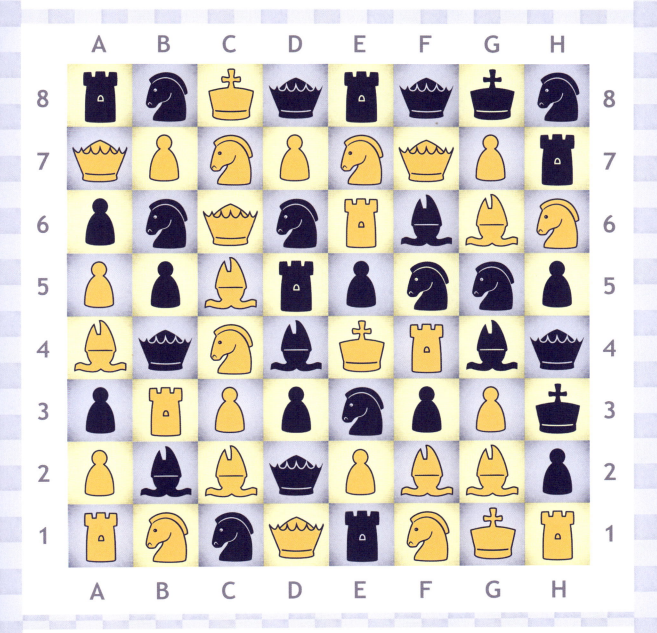

Kreise die Felder ein, auf denen sich die Bauern versteckt halten!
Wie viele weiße und schwarze Bauern hast du gefunden?

SCHACH FÜR KIDS - Übungsheft 1

Der Bauer

Bauernzüge!

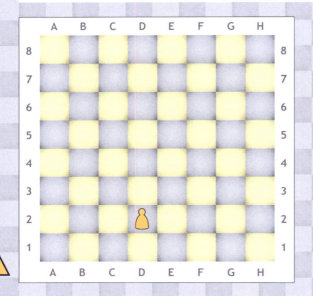
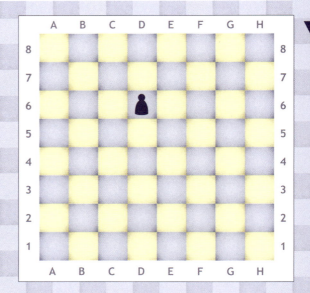

Wohin können der weiße und der schwarze Bauer ziehen? Markiere die Felder, zeichne die Wege ein!

Finde die Bauernzüge!

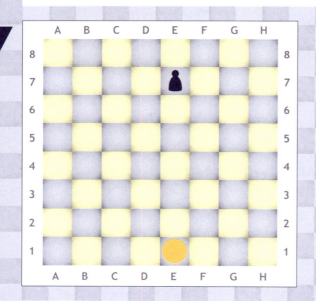
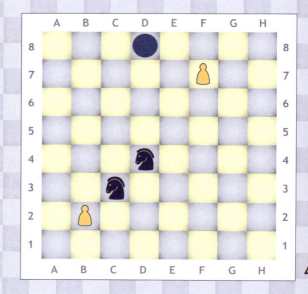

Wie viele Züge braucht der Bauer bis zum Chip? Zeichne die Züge ein!

Welcher Bauer kann den Chip erreichen? Zeichne die Züge ein!

Der Bauer

Die Grundstellung der Bauern!

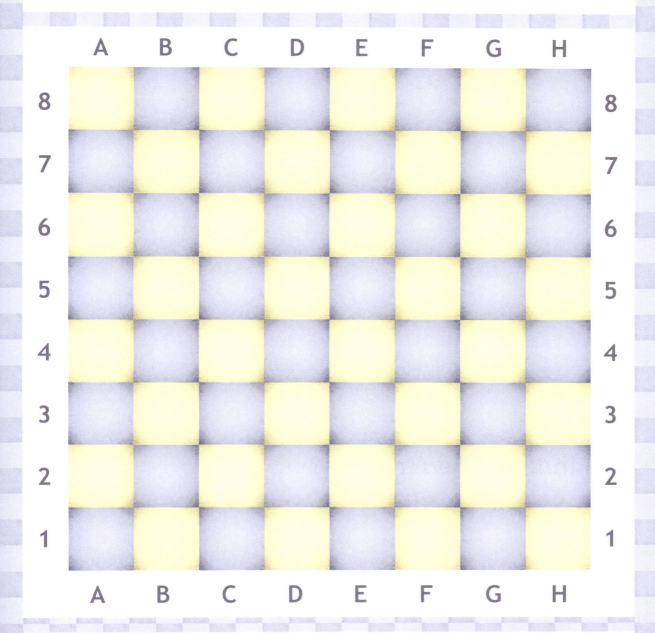

Auf welchen Feldern stehen die weißen und schwarzen Bauern zu Beginn einer Partie (Grundstellung)? Zeichne die Symbole der Bauern an den richtigen Stellen und mit der richtigen Farbe ein.

Der Bauer

Mit dem Bauern angreifen!

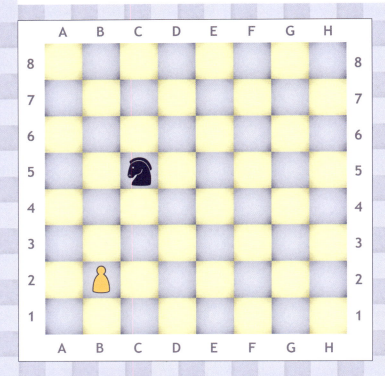

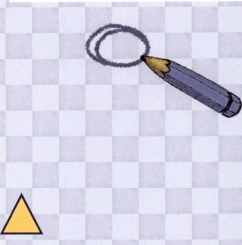

Greife mit dem Bauer die gegnerischen Figur an! Auf welchem Feld ist das möglich? Kreise es ein!

Mit den Bauern schlagen!

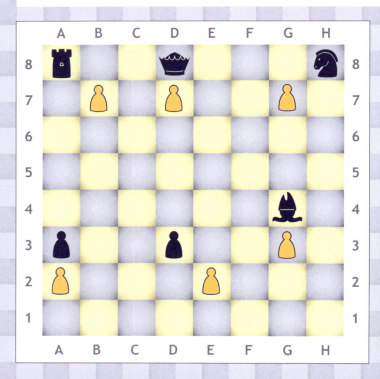

Zeige die Figuren, die geschlagen werden können! Kreise sie ein! Wie viele Figuren können insgesamt von weißen Bauern geschlagen werden?

...

Der Bauer

Der Bauer

Die Bauern am Zug

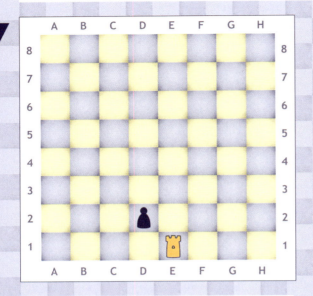

Finde den besten Zug!

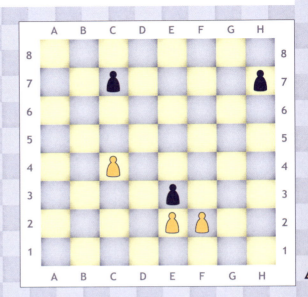

Suche den schnellsten Weg bis zur Umwandlung!

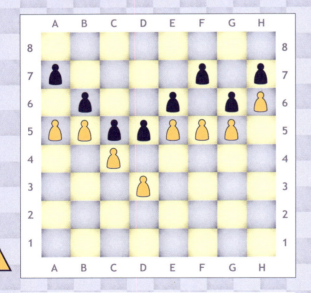

Wie viele Zugmöglichkeiten hat Weiß?

Welcher ist der beste Zug?

Minischach – erste Spiele auf dem Brett

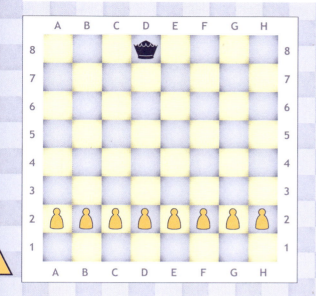

Dame gegen Bauern
Weiß: Bringe einen Bauern in die 8. Reihe.
Schwarz: Schlage alle Bauern.

Königswettrennen
Versuche mit deinem König als Erster alle gegnerischen Bauern zu schlagen! Du darfst nicht so ziehen, dass dein König im Schach steht.

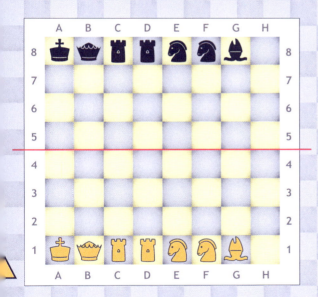

Spiegelschach
Bringe deine Figuren durch geschicktes Ziehen in ihre Ausgangsstellung (Grundstellung). Die Mittellinie darf nicht übertreten werden.

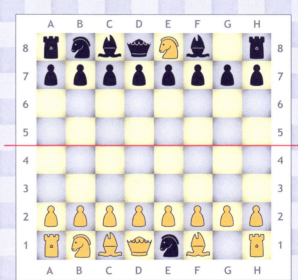

Springerwettkampf
Beide Spieler ziehen nur mit dem Springer. Sieger ist derjenige, welcher als Erster alle gegnerischen Figuren geschlagen hat.

SCHACH FÜR KIDS - Übungsheft 1

Spurensuche

Wer ging da vor mir her?

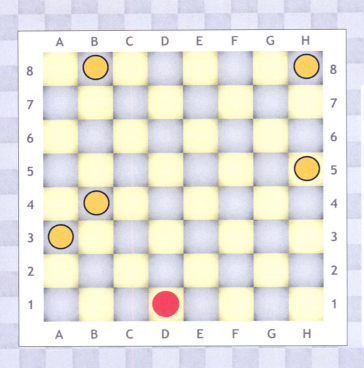

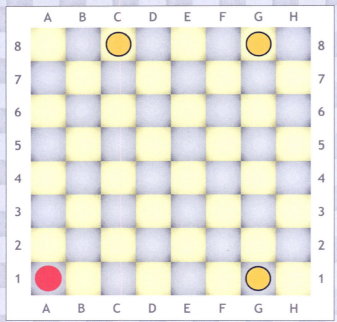

Seite 60-62: Überlege und probiere aus, welche Figur hier gelaufen sein könnte. Jede Figur kommt nur einmal vor! Beginne jeweils am rot markierten Feld. Zeichne die Zugfolge der Figur ein! Male das Symbol der passenden Figur in das Kästchen rechts vom jeweiligen Diagramm!

Spurensuche

Wer ging da vor mir her?

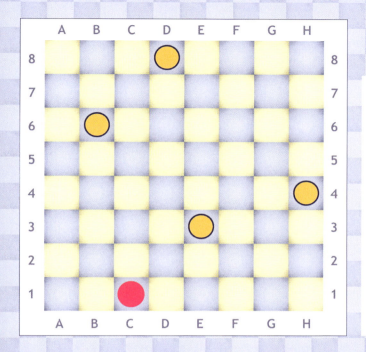

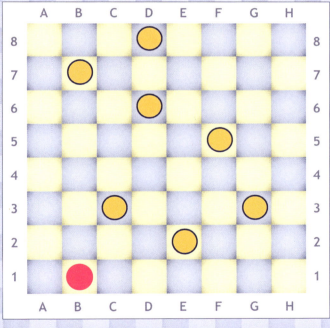

Spurensuche

Wer ging da vor mir her?

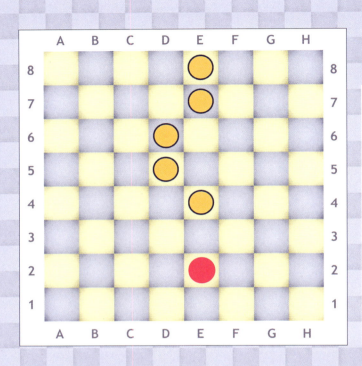

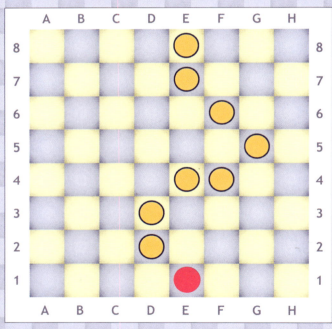

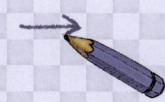